Georg Bauer

Atme & verändere die Welt

Georg Bauer

ATME & VERÄNDERE DIE WELT

Von der Überwindung der spirituellen Krise

Atme & verändere die Welt
Von der Überwindung der spirituellen Krise
2. überarb. Aufl. 2022 © Georg Bauer
Erstausgabe 23. Dezember 2020
Umschlagbild © Georg Bauer
Alle Rechte vorbehalten
www.georgbauer.info
contact@georgbauer.info

ISBN 978-3-347-47474-1

Druck, Vertrieb & Impressumsservice
im Auftrag des Autors:
tredition GmbH
Heinz-Beusen-Stieg 5
22926 Ahrensburg

INHALT

Für alle Menschen,
die nach der Wahrheit suchen.
Vor allem aber für jene, deren
Geist in tiefer Verwirrung
gefangen ist.

EINLEITUNG

Alle Spiritualität beginnt mit dem achtsamen Atmen. Leider jedoch achten viele Menschen nicht auf ihre Atmung. Wenn ich nicht gelernt habe, achtsam zu atmen, dann verfüge ich unter Umständen nicht über innere Ruhe. Ohne innere Ruhe aber werde ich leicht zum Spielball meiner Gefühle. Es ist mir unmöglich, meinen Geist von meinem emotionalen Empfinden zu trennen. Nicht der Geist bestimmt mein Verhalten. Vielmehr werde ich von meinen Gefühlen beherrscht. Meine innere Unruhe kann ich nicht auflösen. Sie wirkt unkontrolliert auf mein Denken, Reden und Tun.

Fehlt es meinem Geist an Gelassenheit, so fühle ich mich getrieben. Entsprechend ruhelos verhalte ich mich. Meine innere Anspannung äußert sich als Umtriebigkeit. Infolgedessen überträgt sich meine Unrast auf meine Mitmenschen. Ich versetze diese ebenfalls in Unruhe. Ich trage meine Ruhelosigkeit in die Welt. Wie das ewige Wogen der Wellen die Meere bewegt, so wird die ganze Menschheit von ihrer inneren Unruhe in Bewegung gehalten.

Durch mein achtsames Atmen kann ich einen wertvollen persönlichen Beitrag dazu leisten, zumindest einen kleinen Teil dieser schier unerschöpflichen Unrast aufzulösen. Würden wir alle lernen, achtsam zu atmen, dann könnte sich die aufgewühlte Rastlosigkeit der Menschheit legen. Die Welt wäre nach einiger Zeit ein friedlicher Ort!

Erstes Kapitel

DIE ÄUßEREN KRISEN DER MENSCHHEIT

Wir leben heute in wahrhaft bewegten, ja gar in stürmischen Zeiten. In zahlreichen Regionen der Welt verbreiten scheinbar unlösbare Kriegskonflikte Angst und Schrecken. Millionen Menschen sind auf der Flucht. Sie leiden unter Verfolgung, Folter und Vertreibung. Obwohl es ein Überangebot an Nahrungsmitteln gibt, lässt sich der Hunger nicht besiegen. Trotz all unserer weltlichen Reichtümer greift die Verelendung der Massen um sich. Gleichzeitig nimmt die Zerstörung der Umwelt immer größere Ausmaße an. Wir Menschen haben einen nicht mehr aufzuhaltenden Klimawandel in Gang gesetzt, dessen unabsehbare Verwerfungen verheerend sein werden. All diese Krisen gefährden die Lebensgrundlage der ganzen Menschheit. Die Moderne verwandelt sich zunehmend in ein Bild des Schreckens. Schon scheint es, als habe die Endzeit der Menschheitsgeschichte begonnen.

Dabei begann die Moderne einstmals so hoffnungsvoll. Die Aufklärer des 18. Jahrhunderts wollten uns Menschen von den gesellschaftlichen, politischen und religiösen Fesseln des mittelalterlichen Denkens befreien. Mit ihrem Streben verband sich nichts weniger, als die große Hoffnung eine neue, bessere Weltordnung zu schaffen. Sie glaubten, all unsere Probleme ließen sich durch gesellschaftspolitische und wirtschaftliche Reformen lösen.

Bürgerliche Freiheitsrechte, Rechtsstaatlichkeit, Gewaltenteilung und Demokratie waren und sind Errungenschaften dieser Epoche. Es handelt sich zu Recht um große Meilensteine in der menschlichen Entwicklungsgeschichte, zu denen sich im Laufe des 19. und 20. Jahrhunderts langsam noch die Gleichberechtigung von Mann und Frau hinzugesellte.

Selbst die Fragen von Armut, Hunger, Not und Elend schienen mit wachsendem wirtschaftlichem Wohlstand lösbar. Wissenschaftliche Erkenntnisse und technische Neuerungen halfen der Wirtschaft, immer größere Reichtümer zu schaffen. Nach und nach entstand auch ein Bewusstsein dafür, dass der Besitz an Privateigentum durch staatliche Regulierungen gerechter verteilt werden sollte.

Natürlich vollziehen sich große Umbrüche nie ohne Opfer. In unserer Geschichte haben wir Menschen es nur selten geschafft, notwendige Reformen gewaltlos umzusetzen. Und so leitete der Aufbruch in die Moderne fast zwangsläufig eine Zeit beispielloser Wirren ein. Das lange 19. Jahrhundert war vor allem auf dem europäischen Kontinent von blutigen Revolutionen geprägt. Im 20. Jahrhundert stürzten dann zwei unvorstellbar grauenvolle Weltkriege nahezu die ganze Menschheit ins Chaos. Am Ende des Kalten Krieges schien jedoch endlich diese neue, bessere Weltordnung heraufzudämmern, von der die Aufklärer einst geträumt hatten. Jetzt aber wachen wir verwundert aus unseren schönen Träumen auf.

Die Errungenschaften der Aufklärer stehen auf dem Spiel. Undemokratische, despotische und ideologisch verblendete Regime sind erneut auf dem Vormarsch. Machtgierige Populisten und hasserfüllte Radikale gewinnen die Oberhand. Gezielt untergraben sie demokratische Strukturen und bürgerliche Freiheiten, die von unseren Vorfahren unter Schweiß, Tränen und Blut errungen wurden. Hass und Misstrauen werden geschürt, um die Ängste der Menschen für selbstsüchtige Zwecke auszunutzen. Viele Völker werden teils gegen ihren Willen, teils aber sogar mit Unterstützung der verunsicherten Bürger, durch ihre Regierungen weiterhin oder erneut unter das Joch der Unterdrückung gezwungen. Modernste Technologien dienen in zahlreichen Ländern dazu, das Staatsvolk so weit als nur irgend möglich zu überwachen. Medien werden missbraucht, um Ideologien, Falschinformationen und Hassbotschaften zu verbreiten. Verblendete Staatenlenker scheuen nicht davor zurück, ihre Bürger zu indoktrinieren und kritisches Denken zu unterbinden.

Am Ende des 20. Jahrhunderts glaubten wir, die lang ersehnte Morgendämmerung einer besseren Welt wäre endlich angebrochen, nur um am Beginn des 21. Jahrhunderts verwundert festzustellen, dass es sich dabei stattdessen wohl eher um die Abenddämmerung des Zeitalters der Menschen handelt.

Zweites Kapitel

DIE SPIRITUELLE KRISE
DER MENSCHHEIT

Auf dem Weg in die Moderne scheinen wir auf einen Irrweg gelangt zu sein, der uns in eine Sackgasse geführt hat. Offensichtlich haben wir nicht aufgepasst. Wir haben nicht genau aufgemerkt und nicht genau hingehört, was uns die Aufklärer einst sagen wollten. Und vielleicht unterlagen sogar die meisten Aufklärer einem wesentlichen Denkfehler in Bezug auf die menschliche Natur.

Um das mittelalterliche Denken zu überwinden, sollte sich der Mensch von seiner Vernunft leiten lassen. Der vernünftige Mensch wurde im 18. Jahrhundert zum Ideal erhoben. Ziel war ein aufgeklärtes Denken, das sich auf Herz und Verstand gründet. Wir Menschen haben jedoch stets eine unheilvolle Beziehung zu unserem Herzen gepflegt. So haben wir diese wohlgemeinte Forderung grundfalsch verstanden. Wir glaubten, wir müssten unsere Gefühle ganz zu Gunsten des Verstandes ausschalten. Wir dachten, alle Bereiche des Lebens sollten sich vollständig dem Denken unterordnen. Wir nahmen an, unterstützt von der Wissenschaft könnten

Politik, Technik und Wirtschaft die Welt und uns Menschen zum Besseren verändern. Aber nichts dergleichen ist geschehen. Wir sind auf ganzer Linie kläglich gescheitert.

Was aber machen wir? Statt nach innen zu blicken, richten wir unseren Blick nach außen. Statt unser Versagen und damit uns selbst zu hinterfragen, neigen wir dazu, die Verdienste der Aufklärer in Zweifel zu ziehen. Die Befreiung des Einzelnen aus der gesellschaftlichen Bevormundung, die Durchsetzung demokratischer Strukturen, die Gewaltenteilung, die Rechtsstaatlichkeit, die religiöse Neutralität des Staates oder die Gleichberechtigung von Mann und Frau, all dies waren und sind richtige gesellschaftspolitische Reformen. Sie sind nicht in Zweifel zu ziehen. Zweifelhaft ist allein unsere Unfähigkeit, die Gesellschaft durch diese Verbesserungen heilsam zu verwandeln.

Es bleibt die Frage, warum diese Reformen nicht die erhoffte Wirkung entfalten. Und hier rühren wir an einen Bereich, der eigentlich das Kerngeschäft der Glaubensgemeinschaften sein müsste. Nur befinden sich diese leider ebenfalls in einer Krise, nicht zuletzt deshalb, weil viele ihrer Führer bis heute mit der Moderne hadern, statt sich mit dem im Zuge der Aufklärung erlittenen gesellschaftlichen Bedeutungsverlust der Religion heilsam auseinanderzusetzen.

Die Kriege, die Hungersnöte, die ungleiche Verteilung des Wohlstandes, die rücksichtslose Ausbeutung, Verschmutzung und Zerstörung der Natur, die kriminelle Energie, die Korruption, die zwischenmenschliche Gewalt, die Süchte, der Rassismus, Extremismus und Terrorismus sowie der ganze andere Wahnsinn haben ihre Ursache tatsächlich nicht in einem politischen, gesellschaftlichen oder wirtschaftlichen Mangel. All diese Nöte sind in Wahrheit schlicht die äußerlich sichtbaren Zeichen für die tiefe innere, die spirituelle Krise, in der wir Menschen schon seit unseren Anfängen gefangen sind. Diese Krise besteht darin, dass wir uns zu sehr unseren weltlichen Bedürfnissen zuwenden, während wir gleichzeitig unsere spirituellen Bedürfnisse sträflich vernachlässigen.

Spiritualität sollte dabei nicht sofort religiös verstanden werden. Im Kern gründet alle Spiritualität einfach auf der Frage, ob ich als einzelner Mensch eine heilsame Beziehung zu meinem Herzen pflege, sprich, ob ich auf meine Gefühle achte. Denn nur wenn ich unangenehme Empfindungen nicht verdränge, sondern diesen meine bewusste Aufmerksamkeit schenke, fühle ich mich zufrieden. Und durch meine innere Zufriedenheit kann ich meinen Geist aus der Macht des ichbezogenen Denkens befreien.

Weil wir Menschen jedoch seit jeher dazu neigen, zu wenig auf unser Herz, sprich auf unsere Gefühle zu achten und weil es durch die wachsende Weltbevölkerung immer mehr Menschen gibt, nimmt das ichbezogene Denken heute Ausmaße an, die unser aller Lebensgrundlage auf der Erde massiv bedrohen. Der Ungeist der maßlosen Ichsucht beherrscht die ganze Menschheit wie ein Dämon. Und dieser Dämon drückt sich in einer himmelschreienden Ungerechtigkeit aus, die sich durch kein gesellschaftspolitisches Handeln mehr beherrschen lässt.

Drittes Kapitel

DER UNREIFE MENSCH

Die Aufklärer des 18. Jahrhunderts meinten es gut, als sie die Menschheit von den Fesseln politischer, gesellschaftlicher und religiöser Bevormundung befreien wollten. Dabei lagen sie noch nicht einmal völlig falsch mit ihrer Erkenntnis, dass wir Menschen an und für sich vernunftbegabte Wesen sind. Sie gingen jedoch völlig fehl in der Annahme, wir alle würden aus uns selbst heraus besonnen und heilsam handeln, sobald wir erst einmal in den Genuss äußerer Freiheitsrechte gelangen.

Wie viele andere Denker, so haben auch die Aufklärer in ihren Theorien immer ein menschliches Idealbild betrachtet, welches es in dieser Form nicht gibt. Der Mensch an sich mag vielleicht vernunftbegabt sein, aber dies bedeutet noch längst nicht, dass sich jeder von uns grundsätzlich vernünftig verhält. Dafür gibt es einen sehr einfachen Grund. Nicht alle körperlich Erwachsenen sind auch psychisch-emotional reife Menschen.

Tatsächlich entwickeln nur wenige Menschen in ihrem Leben eine weitgehend heile Psyche.

Während nämlich die Reife des Körpers naturgemäß, sprich biologisch voranschreitet, entwickelt sich die emotionale Reife der Psyche nicht von selbst. Vielmehr bleiben weitaus die meisten Menschen in ihrer inneren Entwicklung auf dem Weg zum Erwachsenen irgendwann stecken. Diese unreife Psyche zeigt sich in Form von unheilvollen, weil stark ichbezogenen Denk- und Verhaltensmustern.

Ursächlich für diese Unreife sind emotionale Verletzungen, die nicht richtig ausgeheilt wurden. Als Kinder und Jugendliche werden wir immer wieder in unseren Gefühlen verletzt. Je nachdem welche Strategien wir entwickeln, mit diesen Verletzungen umzugehen, wachsen wir zu mehr oder weniger unreifen Erwachsenen heran. Haben wir dann selbst Kinder, so verletzen wir diese ebenfalls durch unser ichbezogenes Verhalten in ihrem Gefühlsempfinden. Oder wir bringen unseren Kindern unheilvolle, sprich, selbstsüchtige Strategien bei, mit solchen Verletzungen umzugehen. Nicht, dass wir absichtlich falsch handeln würden. Das meiste davon läuft schlicht unterbewusst ab, sodass wir uns nur selten über unser schädliches Handeln im Klaren sind.

Infolgedessen bleiben auch unsere Kinder in ihrer psychisch-emotionalen Entwicklung stecken und werden selbst zu spirituell unreifen Erwachsenen. So wird diese mangelnde innere Reife von der einen Generation auf die nächste übertragen. Im Christentum wird dieser Zusammenhang mit dem theologischen Konzept der Erbsünde erklärt.

Im Grunde steckt in fast jedem Erwachsenen ein innerlich unreifes, ungezogenes und unbelehrbares Kind, das sich alles andere als vernünftig verhält, weil es ganz in sich und sein Tun verliebt ist. Ohne uns dessen bewusst zu sein, leben wir nicht selbstbestimmt und selbstbewusst. Stattdessen wird unser Geist von eigensinnigen Gedanken beherrscht.

Aus verschiedenen Gründen fällt uns dies im Alltag meist jedoch nicht auf. Zum einen gibt es auch in einer modernen Gesellschaft Verhaltensregeln, Umgangsformen und nicht zuletzt

Gesetze, die uns für gewöhnlich einigermaßen im Zaum halten. Zum anderen erkennen wir unsere psychisch-emotionale Unreife normalerweise nicht. Gerade wegen der Selbstbezogenheit sieht sich jedes Kind und jeder Erwachsene in seiner Innenschau grundsätzlich als guten Menschen. Vor allem sind das eigene Denken und Verhalten stets der Standard, der als normal und richtig wahrgenommen wird. Keiner von uns geht durchs Leben und bezweifelt dabei ununterbrochen sein Tun. Ganz im Gegenteil, je stärker ausgeprägt meine ichbezogene Gedankenwelt ist, umso weniger neige ich dazu, mich und mein Handeln zu hinterfragen.

Weil ich aber blind für meine eigene Unreife bin, erkenne ich auch die mangelnde Reife meiner Mitmenschen nicht. Ich gehe von der falschen Annahme aus, das übliche Verhalten der Mehrzahl der Kinder und Erwachsenen wäre, so wie es eben ist, durchaus in Ordnung. Nur wenn andere Menschen deutlich gegen diese gefühlte Normalität verstoßen, erscheint mir dies am Ende dann doch bedenklich.

Viertes Kapitel
DER ACHTSAME MENSCH

Nur weil wir Menschen grundsätzlich vernunftbegabt sind, nutzen wir unsere gesellschaftlichen
Freiheiten nicht zwangsläufig vernünftig. Einzig
der psychisch-emotional reife Mensch, dessen
Geist eine heilsame Beziehung zu seinem Herzen pflegt und der sowohl auf seine eigenen als
auch auf die Gefühle der anderen Menschen
achtet, verhält sich bedacht und umsichtig.

Als innerlich unreifer Mensch bin ich dagegen
mit gesellschaftlichen Freiheiten überfordert.
Ohne äußere Kontrollmechanismen verfalle ich
völlig der Gier meines selbstsüchtigen Denkens.
Hinzu kommt, dass mein Verhalten häufig von
unreflektierten Ängsten und Sorgen bestimmt
wird, denen ich mich hilflos ausgeliefert fühle.
Ohne mir dessen bewusst zu sein, bin ich gefangen in einer geistigen Verwirrung. Mein verwirr-
tes Denken wiederum macht mich anfällig dafür,
von meinen Mitmenschen ausgenutzt und mani-
puliert zu werden.

Es ist wichtig, mir meiner mangelnden spirituellen Reife bewusst zu werden, um diese dann
überwinden zu können. Allein so kann ich ein

nicht nur äußerlich, sondern auch ein innerlich mündiger Mensch werden, der sein Leben selbstbestimmt in die Hand nimmt. Viele Menschen leben nämlich bloß in dem Scheinglauben, sie würden selbst über ihr Leben bestimmen. Tatsächlich aber wird ihr Denken, Reden und Tun oftmals weitgehend fremdbestimmt.

Meine innere Unreife kann ich im Übrigen nicht durch Bildung überwinden. Bildung und Erziehung, sei es im Elternhaus oder durch gesellschaftliche Einrichtungen, mögen hilfreich sein. Sie setzen jedoch an der falschen Stelle an, nämlich bei meinem Denken. Die mangelnde psychisch-emotionale Reife ist aber keine Angelegenheit des Verstandes, sondern vielmehr eine Frage des Herzens, das heißt sie betrifft meine Gefühlswelt. Genauer gesagt, es geht darum, wie ich im Alltag mit meinen Gefühlen umgehe.

Ich kann mir meiner psychisch-emotionalen Unreife bewusstwerden, indem ich meditiere. Auch die mangelnde Reife meiner Mitmenschen wird sich mir so offenbaren. Außerdem kann ich meine Unzulänglichkeiten überwinden, indem ich mich in Achtsamkeit übe. Die Praxis der Achtsamkeit lehrt mich, auf meine Gefühle Rücksicht zu nehmen. So können die emotionalen Verletzungen meiner Psyche allmählich heilen. Ich entwickle eine gesunde Psyche. Mit der Zeit lege ich alle unheilvollen Denk- und Verhaltensmuster ab.

Auf diese Weise befreie ich mich aus meiner psychisch-emotionalen Unmündigkeit. Ich lasse mich nicht länger fremdbestimmen. Das ichbezogene Denken stärkt mich tatsächlich nämlich nicht. Vielmehr schwächt es die eigene Persönlichkeit. Achtsamkeit dagegen befreit mich von meiner Ichsucht und hilft mir ein starkes Selbstbewusstsein zu entwickeln.

Darüber hinaus lehrt mich die Achtsamkeitspraxis, meine Mitmenschen so weit als möglich nicht in ihrem Gefühlsempfinden zu verletzen. Ich entwickle soziale Verhaltensweisen, welche das Miteinander in der Gesellschaft stärken. Das ist heilsam für das gemeinschaftliche Zusammenleben und kommt somit nicht zuletzt auch mir selbst zugute.

Besonders wichtig ist es, mir meiner persönlichen inneren Unreife bewusst zu werden, sobald ich eigene Kinder habe. Ich muss mich dann umso mehr darum bemühen, meine Unzulänglichkeiten zu überwinden. Denn nur, wenn ich mich selbst psychisch und emotional weiterentwickle, kann ich auch meine Kinder zur Reife des Herzens führen.

Ich bemühe mich deshalb darum, meine Kinder von klein auf zur Achtsamkeit zu erziehen. Ich vermittle ihnen Strategien, emotionale Verletzungen auszuheilen. Statt ihnen beizubringen, die Zähne zusammenzubeißen und Tränen wegzudrücken, leite ich sie an, achtsam zu atmen und Schmerzen zuzulassen. Sobald sie dann ein gewisses Alter haben, lehre ich meinen Kindern die wesentlichen Methoden der Meditations- und Achtsamkeitspraxis. Vor allem aber muss ich selbst achtsam leben, damit ich erkenne, was meine Kinder wirklich brauchen. Und, da ich für meine Kinder stets das beste Vorbild sein sollte, ist es unabdingbar, ihnen meine Achtsamkeit im Alltag vorzuleben.

Fünftes Kapitel

DIE SPIRITUELLE GEMEINSCHAFT

Obgleich wir uns dessen nicht bewusst sind, so bilden wir Menschen dennoch eine große spirituelle Gemeinschaft. Wiederum sollte das Wort spirituell auch in diesem Zusammenhang nicht sofort religiös verstanden werden. Vielmehr bezieht sich der Begriff einfach auf den menschlichen Geist. Jeder Mensch hat einen Geist, der Gedanken hervorbringt, und das Denken des Menschen bestimmt sein Verhalten. Jeder Einzelne von uns aber beeinflusst durch sein Denken, Reden und Tun die ganze Gemeinschaft. Umgekehrt beeinflussen die Meinungen und das Verhalten der anderen Menschen auch mich als Einzelnen in meinen Ansichten und meinem Handeln. In meiner persönlichen Geisteshaltung bin ich also stets abhängig von der Geisteshaltung meiner Mitmenschen.

Meine Ichbezogenheit täuscht mir zwar vor, dass ich in meinem Denken, Tun und Lassen unabhängig sei. Dies ist aber eine Illusion. Tatsächlich ist niemand vollkommen frei. Nur wenn ich mich als spiritueller Mensch durch Meditation und Achtsamkeit von der Macht meiner selbstbezogenen Gedanken befreie, indem ich lerne, stets auf mein Herz zu hören, bewahre ich mir bei meinem Denken, Reden und Tun eine gewisse Unabhängigkeit von den Meinungen meiner Mitmenschen.

Wir sind also alle in unserer Geisteshaltung voneinander abhängig. Diese spirituelle Abhängigkeit wirkt sich auch auf die Einstellung der ganzen Gemeinschaft aus. Besteht eine Gesellschaft aus vielen psychisch-emotional unreifen Menschen, dann untergräbt das den gesellschaftlichen Zusammenhalt. Es herrscht kein guter Gemeinschaftssinn. Ja, schlimmer noch, der einzelne spirituell unreife Mensch wird durch seine Ängste und Sorgen anfällig dafür, sich von machtgierigen Menschen verunsichern, ausnutzen und manipulieren zu lassen. Die Gesellschaft als Ganzes gerät aus dem Gleichgewicht. Es fehlt ihr die innere Stabilität.

Umgekehrt gilt: Je psychisch-emotional reifer die einzelnen Mitglieder einer Gesellschaft sind, umso stärker ist die ganze Gemeinschaft. Bin ich selbst in meiner Psyche gefestigt, dann bleibt meine innere Haltung frei von unheilvollen äußeren Einflüssen. Ich lasse mich weder von Sorgen noch von Ängsten beherrschen. Selbst von den oftmals überzogenen Erwartungen meiner Mitmenschen lasse ich mich nicht bestimmen. Ich bin standhaft gegenüber Stimmungen und Meinungen, welche andere Menschen in Unruhe versetzen. Ich bin nicht leicht verführbar. Ich bin nicht anfällig für gefährliche politische Parolen. In meinem ganzen Denken, Tun und Lassen bewahre ich mir ein gewisses Maß an innerer Unabhängigkeit.

Da wir alle miteinander eine große spirituelle Gemeinschaft bilden, kann ich durch mein Denken, Reden und Tun die Geisteshaltung meiner Mitmenschen zum Guten wie zum Schlechten beeinflussen. Überwinde ich meine ichbezogenen Gedanken nicht, so entwickle ich ungute Verhaltensweisen, durch welche ich die Ichsucht der anderen Menschen fördere. Infolgedessen wird das selbstsüchtige Denken in der Gemeinschaft größer. Mein schädliches Tun wirkt sich unheilvoll auf meine Mitmenschen aus. Es wird deren Denken und Handeln zum Schlechteren verändern.

Wenn ich mich dagegen in Achtsamkeit übe und insbesondere lerne, unangenehme Gefühle zu beachten, entwickle ich heilsame Verhaltensweisen, welche das gemeinschaftliche Zusammenleben stärken. Indem ich mich als Einzelner von meinem selbstbezogenen Denken befreie, trage ich also dazu bei, die Ichsucht der ganzen Gemeinschaft ein Stück weit zu überwinden. Die heilsame Wirkkraft dieses Zusammenhangs ist keinesfalls zu gering einzuschätzen.

Ohne gelebte Spiritualität ist daher unser menschliches Streben für eine bessere Welt letzten Endes zum Scheitern verurteilt. All unser Verstand nützt uns Menschen nichts, wenn wir nicht auf unser Herz hören, sondern ständig mit unserem eigensinnigen Willen unsere Gefühle unterdrücken. Da wir zusammen eine große, geistige Gemeinschaft bilden, können wir die Menschheit nur zum Besseren verändern, wenn jeder von uns sich in seinem Alltag um ein spirituelles Leben bemüht.

Sechstes Kapitel
DIE MACHT DES SPIRITUELLEN MENSCHEN

Damit wir Menschen wieder hoffnungsvoll in die Zukunft blicken können, müssen wir unsere Spiritualität neu entdecken. Vor allem sollten viele von uns im Alltag bewusst spirituell leben. Für mich als einzelnen Menschen bedeutet dies nichts anderes, als dass ich mich auf den Weg der Achtsamkeit begebe.

Dieser Weg lehrt mich achtsam mit mir selbst zu sein, indem ich auf mein Herz höre. Und weil ich achtsam mit mir und meinen Bedürfnissen bin, werde ich ganz unwillkürlich danach streben, mit meinen Mitmenschen, allen Tieren und der gesamten Natur ebenfalls rücksichtsvoll zu sein. Der innere Friede, den ich im Herzen trage, strahlt heilsam auf alle aus.

Nun mag mir dies auf den ersten Blick als ein schier aussichtsloses Unterfangen erscheinen. Was nützt es schon, wenn ich persönlich achtsam lebe? Ist dies nicht sinnlos in einer Welt, die so sehr von der Ichsucht beherrscht wird? Was bringt es mir, auf meine Mitmenschen Rücksicht zu nehmen, wenn diese in erster Linie ja doch nur an sich selbst denken?

Aber so hoffnungslos brauche ich nicht sein. Zunächst einmal sind die meisten Menschen gar nicht so schlecht, wie ich manchmal glauben mag. Nicht einmal die Menschen, welche gänzlich in ihrem selbstbezogenen Denken gefangen sind und mehr oder weniger unabsichtlich böse Taten tun, sind vollkommen verloren.

Als innerster Kern meines Wesens brennt in mir, wie in jedem Menschen und überhaupt in allen Lebewesen, ein Funke reinen Geistes. Ich muss nicht davon überzeugt sein, dass es sich um einen Funken göttlichen Geistes handelt. Selbst wenn ich vielleicht nicht an Gott glaube, so kann ich dennoch nicht leugnen, einen Geist zu besitzen, der mich lebendig macht.

Der Geist ist im Gegensatz zum Körper zwar weder sichtbar noch greifbar. Das ist ein Grund, warum ich vielleicht übersehen könnte, dass ich neben meinem Körper noch einen Geist besitze. Und dieses fehlende Bewusstsein wiederum mag mich dazu verleiten, dass ich mich zwar um meinen Körper sorge, meine spirituellen Bedürfnisse jedoch vernachlässige.

Dennoch ist nicht der Körper, sondern der Geist mein eigentlicher Wesenskern. Der Geist bestimmt mein Tun und Lassen. Er ist es, der mich antreibt und meine Gedanken hervorbringt. Der Geist ist wie das strahlend blaue Firmament des Himmels. Die Gedanken sind wie die weißen Wolken, die vor dem blauen Himmelszelt aufsteigen, dahinziehen und langsam wieder verwehen.

Wenn ich nicht auf meine Gefühle achte, nehmen die ichbezogenen Gedanken überhand. Der Himmel wird wolkenverhangen. Mein Blick auf das blaue Firmament meines Geistes trübt sich ein. Im schlimmsten Fall verdunkelt sich der Himmel völlig, bis ich in einer finsteren Nacht der Depression gefangen bin.

Trotzdem besteht jenseits aller depressiven Dunkelheit mein reiner Geist fort. So, wie das Himmelszelt über der Wolkendecke, bleibt mein Geist unberührt von allen trübsinnigen Gedanken. Der Geist ist stets klar und unwandelbar. Niemals ist er bösartig. Vielmehr ist er seinem Wesen nach gut und warmherzig.

Das ist auch der entscheidende Grund, warum ich mich in meiner inneren Wahrnehmung selbst dann noch als guten Menschen betrachte, wenn meine Gedanken verdorben und meine Taten böse sind. Egal in welch dunkler geistigen Verwirrung ich gefangen sein mag, stets treibt mich dennoch die gute Absicht an.

Da aber jeder Mensch einen Funken reinen Geistes in sich trägt, darf ich darauf vertrauen, dass alle Menschen von ihrer Natur her eigentlich nicht zum Bösen, sondern zum Guten neigen. Nur wenn ich emotional tief verletzt werde und meine Verletzungen nicht richtig ausheile, wird dies dazu führen, dass mein Denken und Tun ebenfalls unheilvoll sind. Das allein ist schon eine recht trostreiche Einsicht in die menschliche Natur.

Außerdem bilden wir Menschen, um das an dieser Stelle nochmals zu betonen, eine große spirituelle Gemeinschaft. Mein Reden und Handeln werden also nicht folgenlos bleiben. Weil wir alle unserem innersten Wesen nach eigentlich zum Guten neigen, wird mein heilsames Tun bei manch einem meiner Mitmenschen auf fruchtbaren Boden fallen. Verhalte ich mich achtsam, dann werden meine Nächsten sich ebenfalls zum Besseren verändern; die einen mehr, die anderen weniger.

Durch mein persönliches Verhalten kann ich also einen kleinen, aber dennoch nicht unwesentlichen Beitrag dazu leisten, die ichbezogene Verwirrung aufzulösen, in der wir alle gefangen sind. Ich kann so mithelfen, die Geisteshaltung meiner Mitmenschen heilsam zu verändern. Und allein, indem sich die innere Haltung von uns allen ändert, wird es zu einer echten Umkehr kommen.

Dabei darf ich niemals die Macht des Geistes unterschätzen. Der Geist wohnt nicht nur in jedem Lebewesen. Er erfüllt das ganze Weltall. Er ist es, der alles antreibt. Ohne ihn wäre nichts geworden. Ob ich diesen Geist nun als Gott bezeichne, sprich, ob ich ihn als eine eigene Person begreife, spielt keine entscheidende Rolle. Unleugbar steckt in ihm eine ungeheure, eine unendliche Kraft.

Als spiritueller Mensch kann ich eine lebendige Verbindung zu dieser unerschöpflichen Kraftquelle aufbauen. Und als religiöser Mensch – ich selbst bin römisch-katholischer Christ – kann ich mein Leben aus einer inneren Beziehung zu Gott heraus gestalten.

Ich persönlich kann für mich sagen, dass ich Gott in meinem Leben wirklich erfahren habe. Er ist es, der mir Kraft verleiht. Er ist es, der mein Leben lenkt. Er ist es, der mein Tun und Lassen bestimmt. Er ist es, der mich seine Werke tun lässt. All das meine ich nicht theoretisch abstrakt als theologisches Gedankenspiel, sondern als echte, lebendige und wirkliche spirituell-religiöse Erfahrung.

Diese tiefe spirituell-religiöse Erfahrung kann jeder Mensch machen. Und selbst, wenn ich vielleicht nicht an Gott glaube, kann ich diesen Geist, der alles erfüllt, als innere Quelle meines Lebens entdecken. Dafür ist noch nicht einmal viel notwendig. Tatsächlich genügt es schlicht und einfach, wenn ich anfange, mich in achtsamem Atmen zu üben.

Siebtes Kapitel

DAS ACHTSAME ATMEN

Im Alltagsleben kommt es immer wieder zu spannungsgeladenen Situationen, die mir meine innere Ruhe rauben. Mein Geist wird von sorgenvollen Gedanken erfüllt, die mich beunruhigen. Mich quälen Angst, Enttäuschung, Ärger, Scham, Neid, Eifersucht oder Trauer.

Es wäre nun höchst unheilvoll, mich durch Geschäftigkeit von meinen Sorgen und Nöten abzulenken. Diese verschwinden so nämlich nicht. Vielmehr werden sie durch Ablenkung in mein Unterbewusstsein verdrängt. Dort verwandeln sich diese quälenden Gedanken dann zu einer depressiven Dauerbelastung für meinen Geist.

Umgekehrt ist es sehr heilsam, wenn ich mir in angespannten Augenblicken absichtlich eine Auszeit vom Alltag nehme, um die innere Unruhe meiner bedrückenden Gedanken in der Atemmeditation aufzulösen.

Angst, Enttäuschung, Ärger, Scham, Neid, Eifersucht oder Trauer quälen mich zwar in Form von Gedanken. Aber eigentlich handelt es sich dabei nicht um Gedanken, sondern um

Gefühle. Sorgen gehen deshalb stets mit unange-
nehmen körperlichen Empfindungen einher, die
beachtet werden wollen. Nur, wenn ich mich
diesen nervösen Regungen gezielt widme, indem
ich in meinen Körper hineinspüre, können die
Gefühle abebben und die sorgenvollen Gedanken sich auflösen.

Ich nehme mir also Zeit, um auf mein Herz
zu hören. Ich setze mich dazu an einem geeig-
neten Ort still hin. Ich halte äußere Ruhe ein,
sodass ich mir meiner inneren Unruhe gewahr
werde. Damit diese abklingen kann, muss ich auf
meinen Atem achten. Oder, um es noch genauer
zu sagen, ich beruhige mich selbst durch achtsames Atmen.

Dieses achtsame, sprich meditative Atmen ist
sehr einfach. Ich atme bewusst ein. Dann atme
ich bewusst aus. Ich atme erneut ein und wieder
aus. Ich bemühe mich, absichtlich ruhig und
regelmäßig zu atmen. Mein Atem ist wie die
Mutter, die ihr aufgeregtes Kind beruhigt. Mein
Denken ist wie das innerlich erregte Kind, das
von der Mutter beruhigt wird.

Während mein Atem kommt und geht, spüre ich meinen Gefühlen nach. Ich erspüre, wo sich die bedrückenden Gedanken in meinem Körper bemerkbar machen. Ich kann meine Sorgen als Beklemmung in der Brust, als Drücken im Bauch, als Zittern in den Händen oder als Kribbeln in den Beinen wahrnehmen. Beim Meditieren richte ich meine Aufmerksamkeit auf die Beklemmung, das Drücken, Zittern oder Kribbeln. Ich atme und ich fühle bewusst.

Als Anfänger mag es mir schwerfallen, meine innere Unruhe körperlich wahrzunehmen. Vielleicht meine ich, zunächst erst einmal gar nichts zu spüren. Mit der Zeit werde ich jedoch lernen, auf diese teils sehr feinen, teils aber auch sehr starken körperlichen Gefühle zu achten, die sich mit meinen Nöten verbinden.

Nach einer Weile des meditativen Atmens, ebben die störenden Gefühlsregungen ab. Die Beklemmung, das Drücken, Zittern oder Kribbeln verschwindet. Mein Denken beruhigt sich. Die belastenden Gedanken verlieren ihre Macht über meinen Geist. Ich kann wieder klar denken.

Mit dieser inneren Ruhe und der damit verbundenen geistigen Klarheit fällt mir jetzt auch eine gute Lösung für meine zwischenmenschlichen Probleme ein.

Um eine heilsame Beziehung zu meinem Herzen aufzubauen, ist es wichtig, das achtsame Atmen nicht nur beim Meditieren zu üben. Vielmehr sollte ich meine Atemübungen auf meinen ganzen Alltag ausdehnen. Dies ist ebenfalls sehr einfach. Ich muss mir dazu nur angewöhnen, bei jeder Tätigkeit immer einen Teil meiner Aufmerksamkeit auf meine Atmung zu richten. Wenn ich stets bewusst statt unbewusst atme, werden mir alle Tätigkeiten zur Meditation. Diese Meditation im Tun wird Achtsamkeit genannt.

Indem ich mich tagaus tagein in Achtsamkeit übe, vertiefe ich meine innere Ruhe. Die immer tiefere Gelassenheit befreit meinen Geist dann nach und nach aus allen gedanklichen Fesseln. Ich fange an, aus meiner Gedankenwelt aufzuwachen. Ich erfahre innere Freiheit. Ich fühle mich zufrieden, frei und glücklich.

SCHLUSSGEDANKEN

Es wäre wünschenswert, wenn der Mensch der Zukunft spirituell lebt, indem er stets eine innere Verbindung zu seinem Herzen hält. Aber selbstverständlich ist dies wiederum ein Ideal. Der Mensch ist, wie er ist. Den Menschen, der nach einem Idealbild geformt ist und dieses in seinem Leben vollkommen verwirklicht hat, gibt es nicht. Schon gar nicht wird es jemals einen paradiesischen Zustand geben, in dem jeder von uns seinen Geist gänzlich aus den Fesseln des selbstbezogenen Denkens befreit hat. Das muss auch nicht sein.

Es wäre schon einiges erreicht, wenn mehr Menschen aufbrächen, um den Weg der Achtsamkeit zu beschreiten. Als Einzelner vermag ich die Menschheit nicht zu retten. Wenn ich jedoch anfange, bei all meinem Denken, Reden und Tun stets auf mein Herz zu hören, dann hat dies eine beachtliche Wirkkraft. Die Begeisterung, mit der ich persönlich meine Spiritualität im Alltag lebe, wird auch zahlreiche meiner Mitmenschen dazu bringen, für sich den heilsamen Weg der gelebten Achtsamkeit zu entdecken.

Im Grunde seines Herzens ist jeder Mensch zum Guten veranlagt. Letztlich ist kein Mensch durch und durch verdorben. Jedoch sind wir alle oft so sehr verwirrt, dass wir den Weg zum Licht nicht finden. Wenn wir uns allerdings gegenseitig achtsam an der Hand nehmen, wird es uns gelingen, einander aus der Dunkelheit der gegenwärtigen Krisen herauszuführen.

So bin ich zuversichtlich, dass die Menschheit eine Zukunft haben kann. Wie jeder Mensch, so kann ich persönlich dazu einen wertvollen Beitrag leisten. Ich muss mich in meinem alltäglichen Leben einfach immer mehr in meditativem Atmen und achtsamem Tun üben. Dann wird am Ende alles gut.

GEORG BAUER

Der Name Georg Bauer ist mein Pseudonym als Autor. Dennoch möchte ich Dich, liebe Leserin, lieber Leser, nicht gänzlich im Unklaren über meine Person lassen.

Geboren wurde ich 1973 in Regensburg. Aufgewachsen bin ich in der südlichen Oberpfalz. Nach meinem Studium an der Universität Regensburg arbeite ich heute als Lehrer in Mittelfranken.

In meinen Büchern schreibe ich teilweise sehr persönlich über meine Erfahrungen. Dabei ist es mir wichtig, ganz bewusst auch tiefe Einblicke in meine Gedankenwelt zu gewähren. Diese große Nähe verträgt sich jedoch schlecht mit meiner Stellung als Lehrer. Aus diesem Grund möchte ich als Autor bis auf Weiteres erst einmal anonym bleiben.

Wenn Du mehr über mich, mein Denken und weitere geplante Veröffentlichungen erfahren möchtest, empfehle ich Dir, meine Informationsseite im Internet zu besuchen.

www.georgbauer.info

Georg Bauer

DIE MAGIE DER INNEREN MITTE

Einführung in die Praxis der Atemmeditation

tredition

Georg Bauer
DIE MAGIE DER INNEREN MITTE
Einführung in die Praxis der Atemmeditation

Als lebendiges Wesen habe ich einen Körper und einen Geist. Und ebenso wie mein Körper, so hat auch mein Geist Bedürfnisse. Alle meine spirituellen Bedürfnisse gründen in der Sehnsucht meines Geistes nach Gemeinschaft. Wie jeder Mensch sehne ich mich nach Freundschaft und Liebe. Vielleicht aber sind gar manche meiner Beziehungen gestört, weil ich mit mir selbst nicht im Reinen bin. Mit anderen Worten: Mein Geist hat keine heilsame Verbindung zu meinem Herzen, da ich nicht in rechter Weise auf meine Gefühle achte.

Durch die Kraft der Meditation kann ich an meinem Herzen wieder heilwerden. Ich lerne, meine Gefühle bewusst wahrzunehmen und anzuerkennen. Ich fange an, mich zufrieden zu fühlen und mich selbst besser zu verstehen. Gleichzeitig werde ich wach für die Welt um mich herum. Ich beginne, hinter den äußeren Anschein und das oft oberflächliche Sein vieler meiner Mitmenschen zu schauen. Ich erfahre tiefgründige Einblicke in die wahre Wirklichkeit der Welt, deren Geheimnisse den allermeisten Menschen häufig genug zeitlebens verborgen bleiben.

Dieses Verstehen geht sehr weit. Es ist im besten Sinne allumfassend. Ich befreie mich von meinen eigenen Vorstellungen ebenso wie von den Erwartungen anderer Menschen. Ich erfahre innere Freiheit. Ganz besonders wichtig ist dabei das Folgende: Da ich mich auf dem spirituellen Weg des Meditierens selbst wahrhaftig lieben lerne, vertieft sich auch mein liebevoller Blick auf meine Nächsten und die Welt, in der wir alle gemeinsam leben.

FSC
www.fsc.org

MIX

Papier | Fördert
gute Waldnutzung

FSC® C083411

Zeitfracht Medien GmbH
Ferdinand-Jühlke-Straße 7
99095 Erfurt, Deutschland
produktsicherheit@kolibri360.de